Karolin Katharina Sophie

WIR KINDER VOM HOF

Entdeckt mit uns die Landwirtschaft

Brigitte Laarmann
Bernadette Lütke Hockenbeck

Landwirtschaftsverlag

INHALT

6

32

36

42

Wer auf den Hof von Moritz kommt, fährt unter vier großen Bäumen hindurch. Die alten Eichen begrüßen alle Besucher. Hinter der ersten Eiche seht ihr zwei Wohnhäuser: Das vordere gehört Oma und Opa. Dahinter wohnt Moritz mit seinen Eltern und Geschwistern. Hinter den anderen drei Eichen schaut ihr auf einen Teil der Ställe und die Maschinenscheune.

Bei Moritz und Luisa zu Hause

Moritz lacht, weil das Ferkel auf seinem Arm so kitzelig ist. Wenn er es am Bauch streichelt, quiekt und zappelt es. Auf seinem Bauernhof gibt es sehr viele Schweine. Genauer gesagt: kleine Ferkel, Jungschweine und Muttertiere. Wenn Moritz Zeit hat, geht er mit seinem Vater in den Stall. Aber noch lieber fährt er bei Opa auf dem Trecker mit.

Luisa und Moritz sind Freunde.
Sie wohnen mit ihren Familien auf Bauernhöfen. Die beiden sind Nachbarn und haben ein gemeinsames Hobby: Fußball! Nachmittags spielen sie oft zusammen.

Moritz hat eine große Familie.
Links von ihm sitzt sein Bruder Philipp auf dem Tor. Rechts neben ihm stehen Papa Matthias und Mama Katja. Vorn kniet seine Schwester Karolin. Oma Anne und Opa August wohnen auch auf dem Hof. Sein jüngster Bruder heißt Jan.

Menschen und Tiere leben auf dem Bauernhof von Luisa nah zusammen. Das Wohnhaus, der Kuhstall und die Scheune sind direkt aneinander gebaut. Das ist praktisch. Denn so müssen die Erwachsenen vom Haus aus nur ein paar Schritte laufen, um nach den Kühen und nach den Kälbern zu schauen. Für die Kinder gibt es vor dem Wohnhaus eine riesige eigene Spielwiese. So ein Hof ist einfach genial zum Austoben!

Luisa hat zwei ältere Schwestern. Links von ihr steht Katharina, rechts ist Sophie. Vorn seht ihr Opa Bernhard und Oma Elisabeth mit Dackel Finchen. Daneben sitzen Luisas Eltern, Mama Sabine und Papa Thomas. Die Kühe sind auch auf dem Familienfoto. Habt ihr den Stall im Hintergrund entdeckt?

Den roten Arbeitsanzug zieht Luisa an, wenn sie im Stall bei den Tieren ist. Auf ihrem Hof gibt es Kühe, Kälber und Bullen. Oft kommen Besucher vorbei. Papa und Mama führen sie herum und erklären, was auf ihrem Bauernhof passiert. Die Erwachsenen schauen sich den Melkroboter im Kuhstall an. Die meisten Kinder mögen die Kälber am liebsten – wie Luisa.

Das Fußballtor auf der Spielwiese hat Luisas Papa selbst gebaut. Der ganze Kasten zittert, wenn Moritz einen seiner gefürchteten Schüsse abfeuert. Luisa streckt sich, um den Ball zu erwischen. Glück gehabt: Es war nur ein Lattenknaller.

Hier seht ihr, wo Moritz und Luisa wohnen. Mitten in ihrer Bauerschaft steht eine alte Kapelle. Die Höfe liegen verstreut drumherum. In der Bauerschaft kennen sich alle gut und die Familien feiern gern Feste zusammen. Die Landwirte helfen sich gegenseitig bei der Ernte oder leihen sich Maschinen aus.

Eine Bauerschaft ist so etwas wie ein Wohngebiet für die Bauernhöfe. Jede Bauerschaft trägt einen Namen.

An den Schultagen steigen Moritz und seine Schwester Karolin morgens in den kleinen Schulbus. „Tschüss Mama, bis heute Mittag!", verabschieden sich die beiden. Kaum sind sie angeschnallt, fährt der Bulli weiter. Er holt die Kinder von den Bauernhöfen ab und bringt sie zur Schule. Zum Laufen oder Radfahren ist der Weg zu weit.

Im Bulli durch die Bauerschaft

Im Bus ist immer viel los. Moritz und Karolin zeigen den anderen ihre Sammelbilder. „Kathi, hast du diese Karte schon?“, fragt Karolin. Luisa verabredet sich mit Moritz: „Wir haben so süße kleine Katzen. Komm doch heute Nachmittag vor dem Fußballtraining vorbei. Dann zeige ich sie dir.“

Am Nachmittag ist Moritz zu Luisa geradelt, um sich die Katzenbabys anzuschauen. Die Kleinen sind vier Wochen alt. Tagsüber dürfen sie für kurze Zeit nach draußen. Nachts schlafen sie in der Scheune in einem Nest aus Stroh. Katzenmutter Missi passt gut auf ihre Jungen auf. Wie viele Kinder hat sie?

LAUTER KLEINE FERKEL

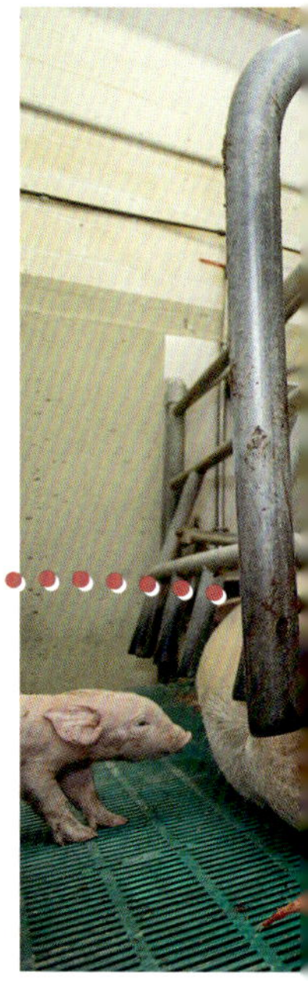

Ein Badezimmer für Schweine – das gibt es auf dem Hof von Moritz. Hier duschen die Sauen, die bald Ferkel bekommen. Der Mitarbeiter Sven besprüht die Muttertiere mit warmem Wasser und Spezialseife für Tiere. Die Schweine mögen den schaumigen Strahl auf ihrer Haut und bleiben ruhig stehen. Nach dem Duschen ziehen die sauberen Sauen in einen frisch geputzten Stall um. Dort bringen sie ihre Ferkel zur Welt.

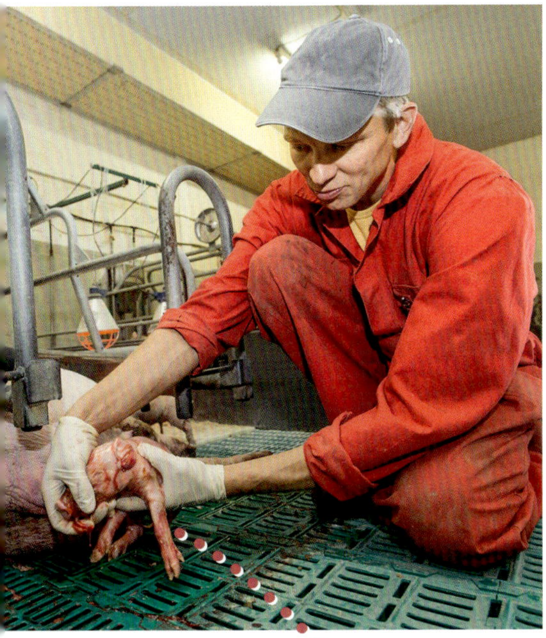

Wenn die Geburt beginnt, passt Bauer Matthias gut auf. Es könnte sein, dass die Sau seine Hilfe braucht. Meist kommt das Muttertier aber allein zurecht. Die Ferkel gleiten nacheinander aus dem Körper ihrer Mutter. Etwa alle zehn Minuten wird ein Kleines geboren. Ihr seht, dass dabei etwas Blut fließt. Das ist nichts Schlimmes, sondern bei jeder Geburt normal. Bekommt ein Ferkel schlecht Luft, reibt der Bauer den Rüssel ab. Gleich geht es dem Neugeborenen besser.

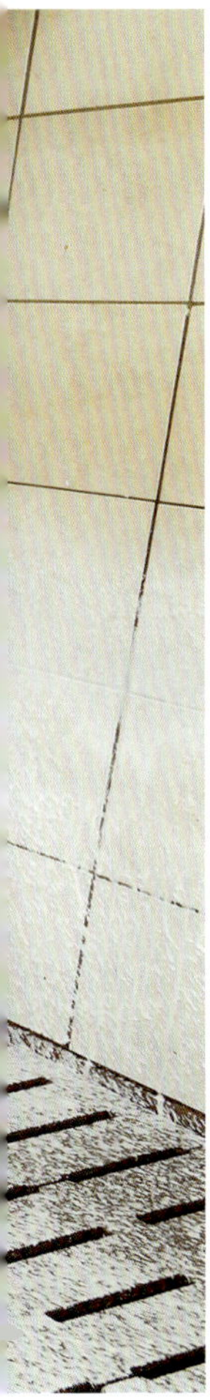

Ferkel können nach der Geburt sofort laufen. Sie suchen bei ihrer Mutter nach Milch. Moritz führt ein Ferkel zur Zitze: „Hier gibt es etwas zu trinken für dich."

Einmal pro Stunde saugen alle Ferkel gleichzeitig bei der Mutter. Anfangs streiten sich die Kleinen um die Zitzen. Doch nach ein paar Tagen ist alles klar. Jedes Ferkel hat seinen festen Trinkplatz.

Jan und Philipp sind in einen leeren Stall geklettert. Hier ist schon alles für eine Sau und ihre Ferkel vorbereitet. Die beiden Jungen legen sich auf den Schlafplatz der Ferkel. Die helle Matte hat eine eingebaute Heizung. „Schön warm hier", kichert Philipp und streckt sich aus.

Die Ferkel drängen sich zum Schlafen auf der warmen Matte eng aneinander. Wenn sie ausgestreckt auf der Seite liegen, geht es ihnen so richtig gut. Die müde Muttersau rollt sich ebenfalls gern auf die Seite. Damit sie ihre Kleinen nicht aus Versehen einquetscht, halten die Metallrohre ihren großen Körper auf Abstand zu den Ferkeln.

Mit dem Ultraschallgerät kommt Bernd alle zwei Wochen auf den Hof. Das Gerät erkennt, welche Sauen trächtig sind. Dazu führt Bernd einen Fühler über den Bauch der Sau. Der kleine Bildschirm zeigt, wie es innen im Bauch des Tieres aussieht. Die Ferkel erscheinen als dunkle Flecken auf dem Bild.

Im Bauch der Sau wachsen 12 bis 14 Babys auf einmal heran. Die Ferkel liegen hintereinander und verteilen sich auf beide Seiten des Bauches.

Wenn die Milch der Muttersau nicht reicht, stellt Bauer Matthias eine Milchschale auf den Boden. Diesem Ferkel schmeckt die aus Pulver und warmem Wasser angerührte Nahrung. Nach dem Trinken klebt etwas Milch am Maul und auf der Nase. Deshalb hat das Ferkel ein schmuddeliges Gesicht.

Morgens fährt Katja zur Arbeit. Sie ist von Beruf Zahnärztin. Wenn sie ihre weißen Anziehsachen unter dem Arm trägt, wissen die Kinder: Mama fährt zur Arbeit. Jan und Philipp bringen sie zur Haustür. „Bis nachher, ihr Lieben!“, ruft Katja und winkt den beiden zu. Die Kinder bleiben bei Oma und Opa. Manchmal gehen sie auch mit ihrem Vater in den Stall.

Moritz leistet Oma in der Küche Gesellschaft. Sie bereitet einen Braten zu. Moritz darf die Pfeffermühle drehen. „Nicht zu viel, sonst wird es zu scharf“, mahnt Oma.

Schweine Raus – Schweine Rein

Raus aus dem Stall! Die zehn Wochen alten Ferkel verkauft Bauer Matthias. Die Kinder stupsen die Tiere mit Paddeln an, damit sie in den Transporter laufen. Er bringt die Ferkel zum Nachbarhof. Dort kommen sie in einen größeren Stall, weil sie noch wachsen und mehr Platz brauchen. Sie heißen dann Mastschweine.

Rein in den Stall! Neue Tiere sind in den Ferkelstall eingezogen. Sie sind vier Wochen alt und erforschen alles genau. Die Ferkel beschnüffeln den Boden, die Wassertränken an der grauen Wand und die Futtertröge. Es gibt auch Spielzeug, das an Ketten herabhängt.

Schweine sind Müslifresser. Mehrmals am Tag futtern sie am Trog einen Brei aus zerkleinerten Getreidekörnern und Wasser. Das macht satt! Mit etwa sieben Monaten sind die Tiere erwachsen und kommen zum Schlachthof. Der Metzger macht aus dem Fleisch Schnitzel, Braten und Wurst.

Im Ferkelstall helfen Karolin und Philipp, die Wassertränken sauber zu machen. Ein kräftiger Ruck an den Stangen reicht, dann fließt das verschmutzte Wasser aus den Tränken heraus. Die Kinder füllen frisches Wasser für die Ferkel nach.

Im Landmarkt gibt es tolles Bauernhof-Spielzeug. Das schauen sich Moritz und Philipp gern an, wenn ihr Vater einkauft. Gerade haben die beiden ihre Lieblingsmodelle gefunden. Da bimmelt Papas Smartphone. Er schaut auf das Display und runzelt die Stirn: „Auch das noch, ein Lüftungsfehler im Stall", seufzt er. „Jungs, tut mir leid, wir müssen schnell nach Hause."

ALARM IM STALL

Die großen Rohre sorgen für gute Luft im Stall. Innen drehen sich Ventilatoren. Sie befördern die verbrauchte Luft nach draußen. Frische Luft strömt über Klappen in der Stallwand hinein. Die Ventilatoren brauchen Strom. Fällt er aus, stehen die Ventilatoren still. Dann wird es im Stall warm und stickig. Das ist schlecht für die Schweine.

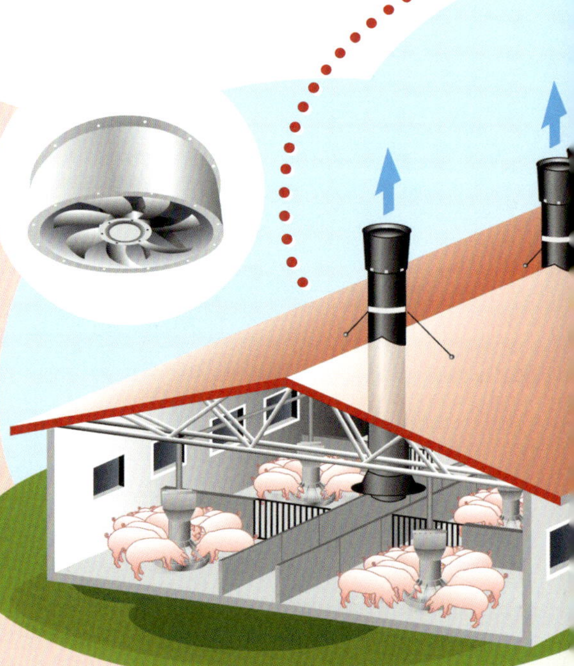

Bauer Matthias hat die Lüftung repariert. Die Ventilatoren drehen sich wieder und die Schweine bekommen mehr frische Luft. Nun schaltet der Landwirt die Alarmanlage wieder ein. Sie überwacht auch die automatische Fütterung. Wenn längere Zeit kein Futter in die Tröge fließt, sendet die Alarmanlage einen Warnton an das Smartphone von Landwirt Matthias.

Der Mitarbeiter Sven schaut genau hin, wenn sein Chef Matthias die vielen Schalter erklärt, mit denen die Technik im Stall gesteuert wird. Sven will auch Landwirt werden. Um den Beruf zu erlernen, arbeitet er auf dem Bauernhof mit und besucht eine Spezialschule.

Die Tiere müssen immer gut versorgt werden, damit sie gesund bleiben. Jeden Tag schaut der Landwirt morgens und abends nach ihnen. In der Zwischenzeit überwacht die Alarmanlage den Stall.

Wo ist eigentlich das Klo der Bauernhoftiere? Schaut euch den Fußboden im Schweinestall an. Er hat lauter schmale Schlitze. Die Tiere lassen ihren Kot und ihren Urin einfach fallen. Durch die Spalten im Stallboden plumpst alles eine Etage tiefer in den Güllekanal. Von dort fließt die Gülle in einen Sammelbehälter.

AUCH PFLANZEN HABEN HUNGER

Wer viel frisst, macht viel Mist. Kennt ihr diesen Bauernspruch? Er stimmt heute nicht mehr ganz. Denn viele Tiere machen keinen Mist mehr. Das wäre Stroh aus dem Stall mit dem Kot und dem Urin der Tiere. Was nach dem Fressen bei Schweinen, Kühen und Bullen hinten rauskommt, heißt auf modernen Bauernhöfen Gülle.

Sonne, Regen und der Dünger aus dem Stall geben den hungrigen Pflanzen im Frühjahr die nötige Kraft zum Wachsen. Moritz und sein Vater schauen sich das junge Getreide genau an. „Der Weizen entwickelt sich prima. Er hat schon kräftige Halme, die ersten Blätter und tiefe Wurzeln gebildet", erklärt Bauer Matthias. Jetzt dauert es etwa acht Wochen, bis im Juni die hellgrünen Ähren mit den Körnern erscheinen. Meist wird der Weizen im August gedroschen. Er kommt als gemahlenes Schweinefutter in die Silos auf dem Hof.

Einmal volltanken, bitte! Der Fahrer pumpt die Gülle aus dem unterirdischen Sammelbehälter ins Fass. Und dann geht's ab auf das Feld. Denn Gülle ist ein Pflanzendünger. Ackerbauern ohne Viehhaltung müssen viel mehr Dünger kaufen als die Landwirte, die Tiere haben.

Das Güllefass leitet den Dünger aus den Schläuchen möglichst nah an die Pflanzen heran. Die beste Zeit zum Güllefahren ist dann, wenn Regenwetter angesagt ist. Denn das Wasser von oben spült die Gülle in den Boden. Da gehört sie hin und riecht auch nicht mehr so stark.

Im Juni sind in Luisas Garten die Erdbeeren reif. Ihre Schwester Kathi darf sie heute pflücken. Einige rote Früchte steckt sie direkt in den Mund. Köstlich! Die Erdbeeren scheinen aber noch jemandem zu schmecken. Denn Kathi entdeckt, dass einige Früchte angeknabbert sind. Wer war das?

SPUREN WILDER TIERE

Mäuse finden auf dem Hof viele Verstecke und Leckerbissen. Saftige Erdbeeren mögen sie genauso gern wie Kraftfutter der Kühe oder Mais aus dem Silo. Wir Menschen sehen diese Bauernhoftiere meistens nicht. Aber wir entdecken ihre Spuren.

Das wuschelige Gebilde aus Gras, Zweigen und Moos hat Luisa auf dem Brennholzstapel in der alten Scheune entdeckt. Ein blaues Ei verrät, dass hier eine Amsel ihren Brutplatz hat. Das Weibchen legt mehrere Eier. Zwischendurch verlässt es das Nest, um etwas zu fressen.

Wisst ihr, zu welchen Tieren diese Spuren gehören?

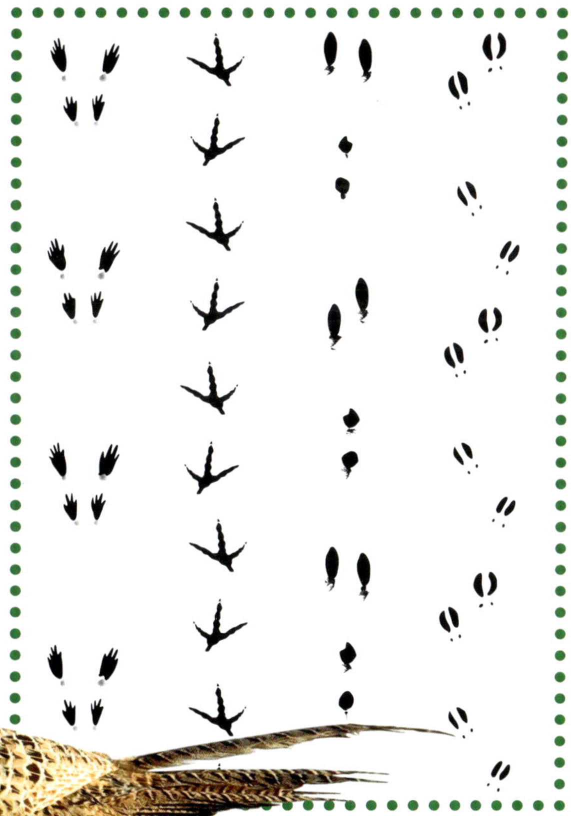

Eichhörnchen, Fasan, Hase, Reh

Die Feder hat Luisa beim Spielen in der Wiese gefunden. „Die ist aber groß", wundert sie sich. „Papa, weißt du, von welchem Vogel sie stammt?" Ihr Vater nickt: „Von der Fasanenhenne." Fasane sind Wildvögel. Hinter Luisas Hof leben sie am Feldrand, wo es Hecken und hohes Gras zum Verstecken gibt. Auch Rehe, Kaninchen und Hasen gibt es hier.

Im Juli beginnt die Getreideernte. Der Mähdrescher ist auf dem Gerstenfeld im Einsatz. Er schneidet die Halme ab und nimmt sie auf. Im Inneren der Maschine werden die Körner von den Ähren getrennt und in einem Tank gesammelt. Die Halme und die leeren Ähren lässt der Drescher als Stroh hinter sich aufs Feld fallen. Ist der Tank voll, klappt der Fahrer das Auslaufrohr aus. Die Körner prasseln auf den Anhänger. Wie das staubt!

Ernten macht Spaß

Der Fahrer hat das Schneidwerk im Blick. Ab und zu schaut er auf den Bildschirm neben dem Lenkrad. Dort liest er zum Beispiel ab, wie voll der Getreidetank ist. Die Mähdrescherkabine ist bequem ausgestattet. Eine Klimaanlage sorgt für angenehme Temperaturen und einen Kühlschrank für Getränke gibt es auch.

Mit der rechten Hand bedient der Fahrer den Multifunktionsgriff. Wenn er auf den gelben Knopf neben seinem Daumen drückt, fließt das Korn aus dem Auslaufrohr. Findet ihr die beiden Knöpfe, mit denen er das Rohr ausklappt und wieder einklappt?

Die Körner sind goldgelb, trocken und sauber auf dem Hänger. „Die Gerste wird den Schweinen schmecken", freut sich Bauer Matthias. Denn Gerste ist ein wichtiger Bestandteil des Sauenfutters.

Nach dem Mähen fährt der Mähdrescher auf den Hof des Lohnunternehmers. Er übernimmt mit seinen Maschinen die Feldarbeiten für viele Landwirte. Moritz, Jan und Opa schauen sich das riesige Schneidwerk aus der Nähe an. „Moritz, gib mir mal den Schraubenschlüssel", sagt der Mechaniker. Er kontrolliert die Messer. Stumpfe oder abgebrochene Klingen tauscht er aus.

Erntezeit ist auch Badezeit. Die Kinder vergnügen sich im Planschbecken neben dem Kornfeld. Am liebsten machen sie tolle Sprünge. Moritz hüpft vom Trampolin wie ein Frosch ins Becken. Schaut euch seine Flugbahn an!

- **Kennt ihr Lebensmittel** aus den verschiedenen Getreidearten? Roggen und Weizen sind gut geeignet zum Brotbacken. Gerste wird beim Bierbrauen benötigt. Hafer lässt sich gut zu Flocken fürs Müsli walzen. Triticale spielt für uns Menschen keine Rolle. Das Getreide wurde aus Roggen und Weizen gezüchtet, um Futter herzustellen. Auch alle anderen Getreidearten kommen ins Futter.

Die meisten Kälber kommen nachts zur Welt. Aber heute hat Luisa Glück. Papa ruft sie nachmittags in den Abkalbestall. Im Stroh liegt ein neugeborenes Kalb. Luisa und ihr Vater reiben sein Fell trocken. „Darf ich ihm einen Namen geben?“, fragt sie ihren Papa. Der nickt. In Luisas Kopf rattert es. „Ist es weiblich oder männlich?“, fragt sie. „Ein Bullenkalb“, antwortet ihr Vater. Luisa sagt: „Dann soll es Manuel heißen – wie mein Lieblingsfußballer.“

Kleiner Bulle Manuel

Kurz nach der Geburt werden Kuh und Kalb getrennt. Luisa und ihr Vater bringen dem Kalb bei, aus einem Nuckeleimer zu saufen. Zuerst bekommt es die gemolkene Milch seiner Mutter. Denn sie enthält wertvolle Stoffe. Nach einigen Tagen verträgt das Kalb auch andere Milch. Sie wird aus Pulver und warmem Wasser angerührt.

Die Kuh ist etwa zwei Jahre alt, wenn sie ihr erstes Kalb zur Welt bringt. Danach gibt sie etwa zehn Monate Milch. Sie legt dann eine Melkpause bis zur Geburt ihres nächsten Kalbes ein, ehe sie wieder gemolken wird.

Der Bulle ist das größte Tier auf dem Bauernhof. Ein Mastbulle wird mit etwa eineinhalb Jahren verkauft und geschlachtet. Aus seinem Fleisch werden zum Beispiel Braten, Steaks und Frikadellen gemacht.

Die Mutter des Kalbes ist in den Stall zu den anderen Kühen zurückgekehrt. Am Futtertisch fressen die Tiere ein Gemisch aus Mais, Gras, Stroh und Kraftfutter. Bauer Thomas schiebt das Futter mit dem Besen nah an die Mäuler heran. Mit ihren langen Zungen holen sich die Kühe das Futter, kauen es kurz durch und schlucken es. Die Feinarbeit machen sie später im Liegen. Kühe kauen alles zweimal. Deshalb heißen sie Wiederkäuer.

Der Computer ist für Luisas Vater das wichtigste Gerät im Stallbüro. Am Bildschirm sieht er zum Beispiel, wie oft jede seiner 60 Kühe gemolken wurde. Der Landwirt melkt die Tiere nicht selbst, sondern er hat dafür einen Helfer.

Ein Roboter, der MELKEN kann

In ihrer Schulklasse hat Luisa neulich erzählt:
„Auf unserem Bauernhof ist ein Helfer Tag und Nacht im Einsatz." Alle haben gestaunt. Das kann doch kein Mensch allein schaffen. Stimmt! Kein Mensch, aber eine Maschine. Und das ist Leo, der Melkroboter. Der große Kasten steht im Kuhstall.

Auf dem Bildschirm erscheinen Informationen, wenn Luisa auf die Scheibe tippt. Jede Kuh wird mit der Nummer ihres Halsbandes angezeigt. Luisa kann zum Beispiel ablesen, wie viel Milch die Tiere geben. Die meisten Kühe im Stall geben 35 bis 40 l Milch pro Tag. Stellt euch diese Menge vor: für jeden Liter einen Milchkarton. Das wird eine lange Reihe!

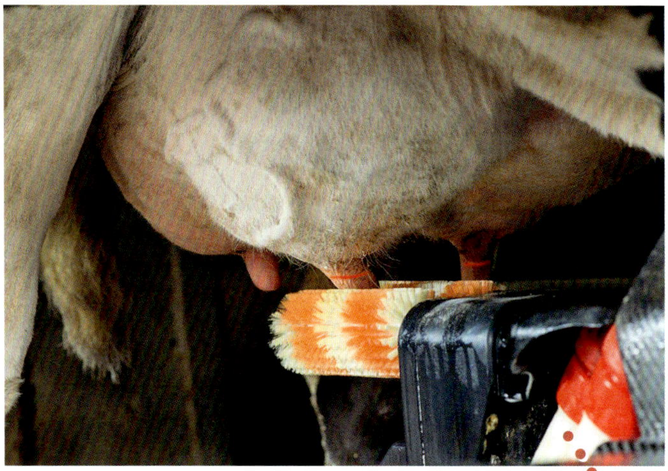

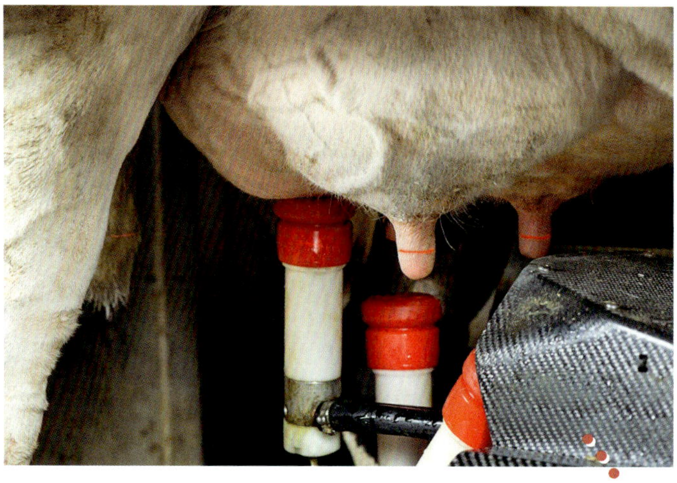

Vor dem Melken reinigt der Roboter das Euter der Kuh. Weiche Bürsten mit Wasserspülung schrubbeln die Zitzen ab. Leo findet die Zitzen mithilfe von Laserstrahlen. Er sendet rote Lichter aus. Sie prallen am Euter ab. Aus den Informationen berechnet der Roboter, wie er den Arm mit den Bürsten steuern muss.

Der Roboterarm setzt jeder Zitze einen Melkbecher auf und beginnt zu melken. Zuerst wird kontrolliert, ob die Milch sauber ist. Ist alles in Ordnung, fließt die Milch durch Rohre in den Kühltank. Milch für die Kälber wird in besondere Behälter umgeleitet. Wenn das Euter leer ist, lösen sich die Melkbecher. Die Kuh verlässt die Box.

In ihrem Laufstall können die Kühe jederzeit einzeln in die Melkbox gehen. Danach kehren sie zurück und saufen an der Tränke. Oder sie legen sich auf eine bequeme Matte in ihrer Liegebox. Zum Fressen stehen die Tiere nebeneinander am Futtertisch. Es gibt auch eine Bürste, die den Rücken der Tiere krault.

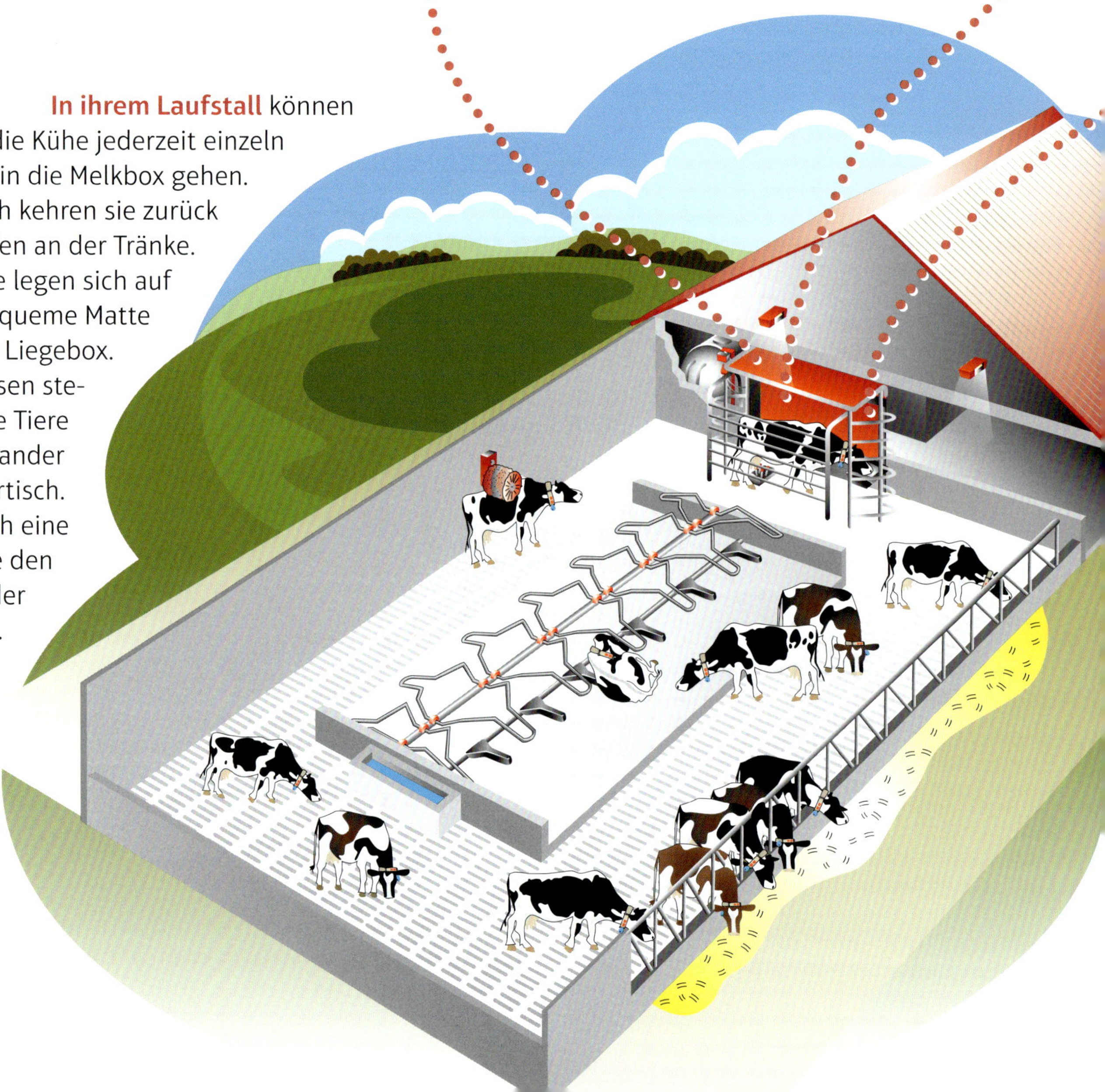

In der Melkbox gibt es leckeres Futter. Das weiß jede Kuh genau. Wenn sie Appetit hat und ihr Euter voll ist, geht sie zum Tor der Box. Luisas Papa hat den Melkroboter so eingestellt, dass jede Kuh höchstens dreimal am Tag gefüttert und gemolken wird. Wie Leo die Kühe erkennt? Jedes Tier trägt ein Halsband mit einem Funkgerät. Es heißt Transponder und sendet die Erkennungsnummer der Kuh an den Roboter.

Alle zwei Tage fährt ein Tankwagen auf den Hof. Der Fahrer schließt einen dicken Schlauch an den Hoftank an, um die Milch in den Sammelwagen zu pumpen und zur Molkerei zu bringen. Dort wird sie zu Joghurt, Butter, Käse und Eis verarbeitet oder als Trinkmilch in Kartons oder Flaschen gefüllt.

Der Tierarzt kommt

Die Kuh Zilba macht Landwirt Thomas Sorgen. Sie mag nicht fressen und gibt weniger Milch als üblich. Der Bauer nimmt die Ohren der Kuh in die Hände. Sie fühlen sich kühl an. Das bedeutet: Zilba geht es nicht gut. Der Bauer führt die Kuh in einen Stall mit Stroh, wo sie ihre Ruhe hat. Dann kocht er Brei als Heilnahrung und füttert die Kuh damit. Außerdem ruft der Landwirt den Tierarzt an und vereinbart einen Besuch.

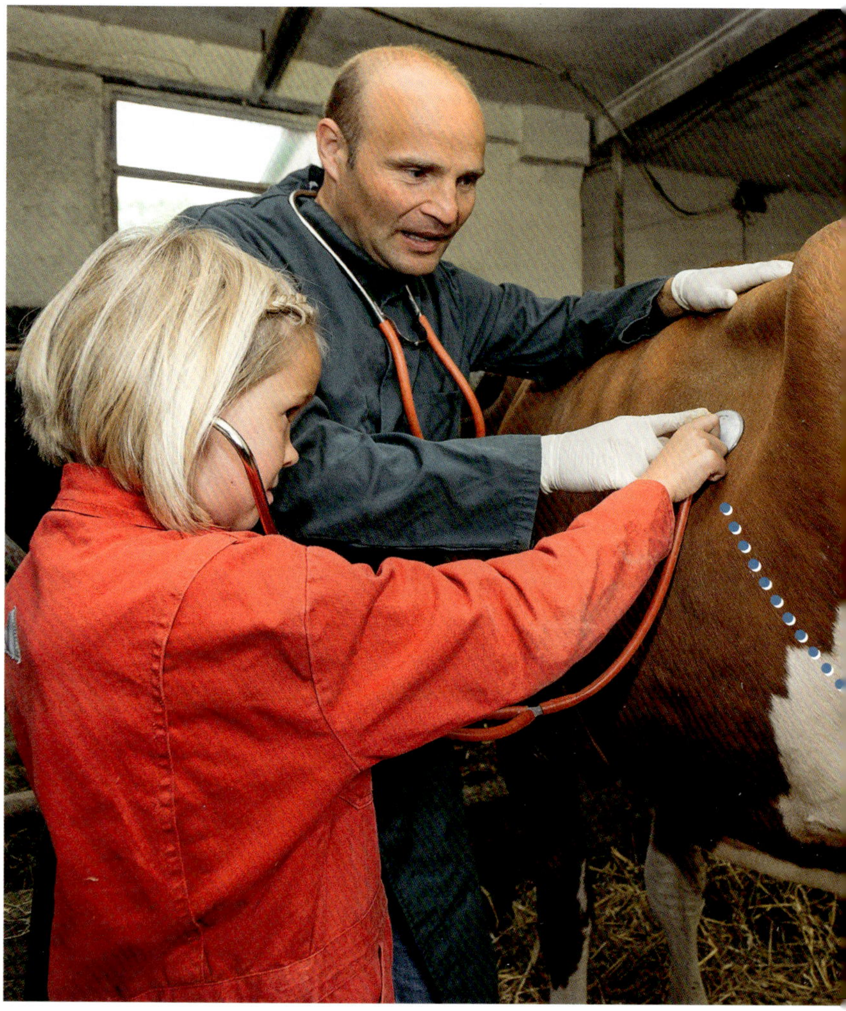

Als Tierarzt Jan-Bernd Zilba untersucht, schaut Luisa zu. „Ich glaube, sie hat Bauchschmerzen", meint Jan-Bernd. „Ich höre ihren Bauch ab. Willst du es auch mal probieren?", fragt er Luisa. Sie nickt. Das Abhörgerät kennt sie vom Kinderarzt. Jan-Bernd zeigt ihr, wie sie die runde Platte auf den Bauch setzt. Luisa hört zuerst nur das Rascheln des Fells. Dann bemerkt sie ein leises Plätschern. Jan-Bernd erkennt an dem Geräusch, dass die Kuh Magenprobleme hat.

Das Tierarzt-Auto ist vollgepackt. Jan-Bernd nimmt alles mit, was er braucht, um die Bauernhoftiere zu untersuchen und zu behandeln. Die Medikamente sind in Schubladen einsortiert. So findet der Tierarzt mit einem Griff die Medizin für die kranke Kuh. Zilba braucht ein Mittel, das den Magen beruhigt.

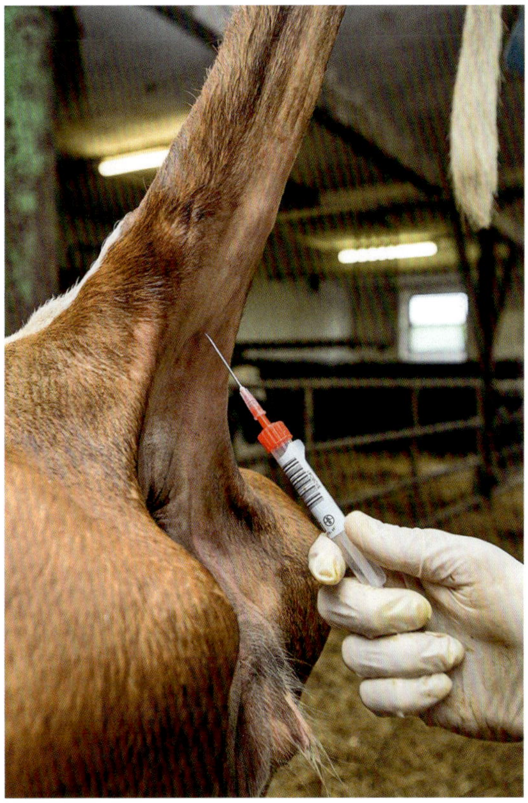

Auch wenn die Kühe gesund sind, kommt Jan-Bernd regelmäßig auf den Hof. Dann untersucht er die Tiere. Dazu gehört eine Kontrolle des Blutes. Vorsichtig hebt der Tierarzt den Schwanz der Kuh. Hier hat die Haut kein Fell. So kann Jan-Bernd gut erkennen, an welcher Stelle er die Nadel einstechen muss, um etwas Blut in die Spritze zu ziehen. Dann prüft er mit Spezialgeräten, ob krank machende Stoffe zu finden sind.

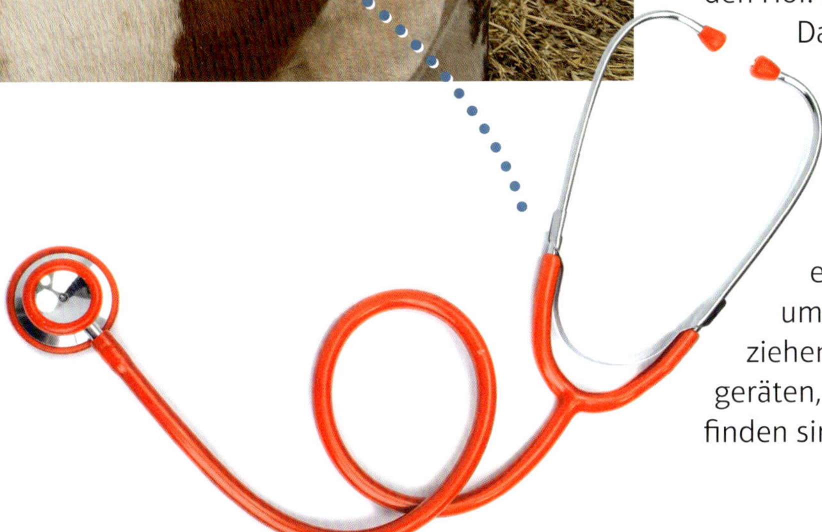

In der Nähe großer Fahrzeuge ist es für Kinder gefährlich. Das seht ihr von hier oben aus der Kabine des Treckers. Habt ihr die Mädchen entdeckt? Sie wirken für den Fahrer winzig. Er könnte die beiden leicht übersehen. Das soll auf keinen Fall passieren! Deshalb dürfen die Kinder nicht dort spielen, wo große Maschinen fahren.

Ein Lastwagen steht auf dem Hof von Moritz. Er liefert Futter für die Schweine. Es besteht aus gemahlenen Körnern und wird durch den Schlauch vom Tankwagen in das Futterlager gepustet. Der Motor macht dabei solchen Lärm, dass der Fahrer Ohrenschützer aufsetzt. Bauer Matthias geht schnell an dem dröhnenden Laster vorbei. Die Kinder sind nicht zu sehen. Es ist ihnen hier viel zu laut.

Was ist schneller: Kettcar oder Fahrrad? Luisa und ihre Freundin liefern sich hinten auf dem Hof ein Wettrennen. Da kommt Bauer Thomas mit dem Trecker und dem Futtermischwagen näher. Er fährt zum Silo, um Gras und Mais für die Tiere zu holen. Der Vater gibt Luisa ein Zeichen, dass die beiden Mädchen wegfahren sollen. Sie treten kräftig in die Pedale.

VORSICHT, KINDER!

Moritz und seine Brüder haben sich in der Diele ausgebreitet. Hier ist Platz genug für ihre Landmaschinen und die Fahrzeuge rollen bestens auf dem glatten Boden. Moritz hat das Laderohr seines Mähdreschers ausgeklappt und wartet auf Jan, der das Korn abtransportiert. Philipp überlegt, wie er seinen Tieflader möglichst voll packen kann, ohne dass die Ladung herunterfällt.

Von Mai bis September erntet Bauer Thomas dreimal Gras. Auf seinem Hof legt er damit einen Futtervorrat für die Kühe und die Bullen an. Bei gutem Wetter schneidet er das Gras ab und lässt es einen Tag auf der Wiese trocknen, bis es bräunlich aussieht. Dann fährt er mit dem Schwader über die Wiese. Die Maschine harkt die Halme zu Reihen zusammen.

Bauern im Maschinenklub

Bei der Futterernte helfen sich die Bauern. Zusätzlich brauchen sie Unterstützung vom Lohnunternehmer und bezahlen ihn dafür. Landwirt Thomas hat den Häcksler mitsamt dem Fahrer und den roten Anhänger ausgeliehen. Der Häcksler sammelt das Gras auf und schnipselt es in feine Stücke. Das gehäckselte Gras gelangt durch das gekrümmte Rohr direkt auf den Anhänger.

Auf seinem Hof kippt der Bauer das Gras in die Vorratskammer. Sie heißt Silo und besteht aus einem Boden und Seitenwänden aus Beton. Die Wände sind mit weißer Plastikfolie ausgelegt.

Moritz und seine Brüder haben bei der Futterernte auf Luisas Hof zugeschaut. Zu Hause gründen sie ihren eigenen Maschinenklub und machen Silage aus dem gemähten Gras vom Rasen. Philipp übernimmt das Festfahren. „Ich brauche Nachschub!" ruft er.

Ein Helfer schiebt das Gras auf einen Haufen und fährt mit dem Trecker darüber. Die Reifen drücken den lockeren Berg fest. Er presst möglichst viel Luft aus dem Gras. So wird das Futter besser und es passt viel mehr in den Silo hinein.

Der rote Klotz ist ein Gewicht aus Beton. Es macht den Trecker schwer, damit er das Gras fest zusammenpressen kann. Mit Folie abgedeckt wird daraus Silage.

Spät am Abend wird auf dem Feld noch geackert. Obwohl es dunkel ist, sieht der Fahrer alles genau. Sein Trecker ist mit Scheinwerfern ausgerüstet. Der Pflug zieht tiefe Furchen durch die Erde und lockert sie. Das klappt am besten, wenn der Boden trocken ist. Der Fahrer arbeitet bis tief in die Nacht, um das gute Wetter zu nutzen. Er kann nicht bis zum nächsten Tag warten, weil der Wetterbericht Regen vorhersagt.

Nachts auf dem Acker

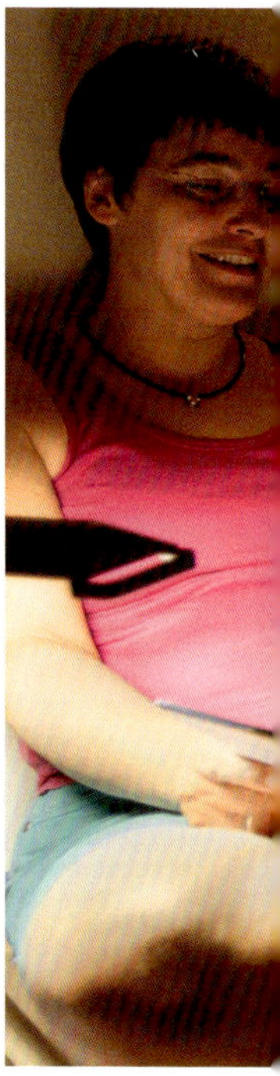

Bauer Matthias arbeitet abends oft in seinem Büro. Gestern hat er Ferkel verkauft und rechnet jetzt aus, was er dabei verdient hat. Außerdem überlegt er, wie viel Futter seine Tiere benötigen, und bestellt Nachschub.

Für die Kinder ist gleich Schlafenszeit. Wenn Mama Katja abends vorliest, geht für Moritz und seine Geschwister ein langer Tag in Ruhe zu Ende. Auch draußen auf dem Hof wird es allmählich still.

Im Schweinestall ist es abends ganz ruhig. Die Sauen kuscheln sich zum Schlafen eng aneinander. Die Muttertiere leben in Gruppen zusammen, wenn sie gerade keine Ferkel haben. So fühlen sie sich wohl. Im Stall hört man das Schnaufen aus vielen Rüsseln. Was meint ihr: Schnarchen die Schweine? „Na klar“, bestätigt Landwirt Matthias.

DIE GROßE BAUSTELLE

Auf dem Hof von Moritz tut sich etwas: Der alte Sauenstall ist nicht mehr passend für die Tiere. Landwirt Matthias will einen neuen Stall bauen. Die Kinder warten voller Spannung auf die Bauarbeiter.

Aus Brettern von der Baustelle bauen sich Moritz und Philipp einen Fahrsilo im Sandkasten. Philipp hat ausgemessen, wie groß der Silo werden soll. Opa hat ihm den Akkuschrauber und Schrauben aus der Hofwerkstatt gegeben. Es ist nicht so leicht, die Bretter zu verbinden. Für Moritz ist es einfacher, wenn Philipp das Brett festhält

Der Bagger vom Bauunternehmer reißt den alten Stall ab. Im Nu entsteht ein riesiger Haufen Schutt. Wenn der Anhänger voll mit Mauerbrocken beladen ist, bringt Mitarbeiter Sven den Schutt zur Mülldeponie.

Die ersten Mauern stehen schon. Der Kran hebt schwere Betonteile von dem Tieflader in den Rohbau hinein.

Der neue Stall ist größer als der alte und mit viel Technik ausgestattet. Die Sauen bekommen mehr Platz und mehr frische Luft im Stall. Hier werden sie sich wohlfühlen.

Die meisten Landwirte können gut mit Werkzeug umgehen. Landwirt Matthias zeigt seinem Mitarbeiter Sven, wie er mit dem Winkelschleifer ein Rohr abschneidet. Die Funken fliegen, wenn die Schleifscheibe auf das Rohr trifft. Deshalb tragen die Männer Schutzbrillen und Schutzhandschuhe. Die beiden stehen im neuen Schweinestall. Bald ziehen hier die Sauen ein.

Eier vom Laufband

Wo kommen die Eier her, die Mama für die Familie einkauft? Das erfährt Moritz bei Bauer Michael. Er hält Hühner. Einen Teil der Eier verkauft er im Laden auf seinem Hof. Viele Besucher möchten sich die Hühner anschauen. Deshalb hat der Landwirt einen Auslauf an einen Stall gebaut. Als Moritz und seine Mutter vor dem grünen Netz stehen, trippeln einige Hennen sofort heran.

Das kleine Ei hat eine Junghenne gelegt. Sie ist etwa vier Monate alt. Das große Ei stammt von einer alten Henne. Sie ist etwa ein Jahr alt. Bauer Michael isst die kleinen Eier besonders gern. „Meine Kunden wollen lieber die großen Eier“, sagt er zu Moritz.

Auf dem Laufband werden die Eier von unten angeleuchtet. Der Landwirt erklärt Moritz: „Durch das Licht kann ich Risse und Bruchstellen der Schalen besser erkennen.“

Der Boden im Stall ist überall mit feinem Stroh bedeckt. Die Hühner kratzen es gern mit ihren Füßen durcheinander. Wenn die Tiere Hunger haben, flattern sie auf die Stangen oder klettern die Leiter hoch, um in das Metallgerüst zu gelangen. Hier fressen sie gemahlenes Getreide und bekommen zu trinken. Mitten im Gerüst gibt es einen dunklen Bereich mit Matten. Darauf legen die Hühner ihre Eier. Wenn sie aufstehen, rollen die Eier auf ein Transportband.

Im Verpackungsraum drückt Landwirt Michael auf einen Schalter. Das Transportband setzt sich in Bewegung. Es befördert die Eier aus dem Stall herbei. Sie werden der Größe nach sortiert und in Kartons verpackt. Vor dem Einpacken kontrolliert der Landwirt die Eier. Moritz hilft dabei. Im Spiegel kann er die Schalen sogar von hinten sehen. Beschädigte und verschmutzte Eier nimmt Michael vom Band.

„Luisa, guck mal, der Mais gibt richtig Gas. Sollen wir messen, wie hoch er ist?", fragt Kathi im Juni. Vor acht Wochen wurde der Mais gesät. Jetzt reichen die jungen Maispflanzen Luisa fast schon bis zum Bauch.

Als der Juli zu Ende geht, ist der Mais Luisa bereits über den Kopf gewachsen. Kathi kann gerade noch über die oberen Blätter schauen. Etwa zwölf Wochen sind seit dem Säen vergangen. Bald wird der Mais blühen.

DER MAIS GIBT GAS

Mit kräftigen Wurzeln, die seitlich aus dem Stängel wachsen, stützt sich die Maispflanze ab. So kippt sie trotz ihrer Größe nicht um. Die Wurzeln reichen tief in die Erde hinein.

Fertig! Im September steht ein Feld mit grünen Riesen hinter den Kindern. Jede Maispflanze trägt ein bis zwei Kolben. Als Tierfutter dienen entweder die ganzen, gehäckselten Pflanzen oder nur die Körner.

Welches Getreide wird im Frühjahr als letztes gesät? Luisa und ihre Schwestern wissen es: der Mais. Er braucht viel Sonne und einen warmen Boden. Ende April ist es so weit: Vorn und hinten mit Maschinen ausgerüstet fährt der Trecker auf den Acker. Vorn zerkleinert der Packer die Erdbrocken und walzt den Boden. Die Kreiselegge hinter dem Trecker zerkrümelt die Erde und ebnet sie. Dann wird noch einmal gewalzt. Zum Schluss folgt die Sämaschine. Sie zieht Rillen, legt Maiskörner hinein, gibt Dünger dazu und verteilt Erde über den Saatreihen.

Ab Mitte September beginnt die Ernte. Der Häcksler schneidet die Pflanzen ab und zerkleinert Blätter, Stiele und Kolben. Das ergibt Futter für Bullen und Kühe.

Mais ist eine Superpflanze. Sie wächst fast überall auf der Welt, wird schnell groß und ist nicht nur als Futter zu gebrauchen. Aus Mais werden auch andere Dinge hergestellt, zum Beispiel: Popcorn und süßer Mais zum Essen, Klebstoff, Verpackungen, Blumentöpfe, elektrischer Strom (in der Biogasanlage) und Treibstoff für Autos.

Die Mädchen haben Maiskolben gepflückt und die grünen Hüllblätter abgezogen. „Die sehen ja aus wie Köpfe mit Wuschelhaaren“, meint Luisa. So kommen die Kinder auf die Idee, Figuren zu basteln. Sie kleben Hagebutten, Kastanien, Eicheln und Zweige auf die Kolben. Karolin hält ihr Männchen hoch: „Guckt mal, meiner hat Glupschaugen!“

Viele Male fahren die Trecker rückwärts an den Fahrsilo und kippen den Mais von ihren Anhängern ab. Das Futterlager muss voll sein, damit die Tiere das ganze Jahr über genug zu fressen haben. Der Silo wird mit einer Folie abgedeckt. So bleibt die Mais-Silage lange frisch.

Die grünen Hallen mit den Zipfeldächern stehen auf einem Bauernhof. Sie gehören zu einer Biogasanlage. Landwirt Alfons stellt darin Strom her.

STROM VOM HOF

Kathi und Sophie wollen in der Schule erklären, wie eine Biogasanlage funktioniert. Sie besuchen Alfons. „Dieser Behälter heißt Fermenter", erklärt er. „Darin gibt es winzige Lebewesen, die wir nicht sehen können. Es sind vor allem Bakterien." Kathi wundert sich: „Mama sagt, dass hier drin Gülle ist. Wieso riechen wir nichts?" Alfons nickt: „Der Behälter ist dicht verschlossen." Kathi fragt: „Und wie kommt die Gülle rein?" Alfons antwortet: „Durch ein Rohr unter der Erde. Ich habe es vom Schweinestall hierher verlegt." Sophie macht ein Foto durch das Guckloch. Ein brauner Brei schwimmt in dem Bottich.

Sophie fotografiert, wie Alfons die Biogasanlage füttert. Mit dem Teleskoplader holt er Mais aus dem Silo nebenan und kippt ihn in den Metallkasten vor dem Fermenter. Auch Mist kommt in die Anlage.

In diesem Maschinenhaus steht das „Block-Heiz-Kraft-Werk". Unterirdische Rohre leiten das Biogas aus dem Fermenter hierher. Ein Motor verbrennt das Biogas und treibt das Gerät an, das den Strom herstellt. Man nennt es Generator. Der Motor erzeugt auch Wärme. Alfons leitet sie durch Heizungsrohre zu seinem Wohnhaus und zu zwei Nachbarhöfen.

„Hier lese ich ab, wie viel Strom die Anlage herstellt", zeigt Alfons und erklärt: „Ich versorge jeden Tag 500 Familien mit Strom!" Der Landwirt verkauft den Strom und leitet ihn in die Stromleitung ein. Sophie fragt: „Was passiert mit der braunen Pampe aus der Biogasanlage?" Alfons sagt: „Was die Bakterien übrig lassen, bringe ich mit dem Güllefass als Dünger auf meine Felder."

Biogas besteht aus Bakterien-Pupsen. Die Bakterien in der Biogasanlage futtern Gras und Mais, Gülle und Mist und auf manchen Höfen sogar Essensreste und ähnliche Abfälle. So eine Anlage ist echt praktisch. Fast wie in einer Biotonne – nur viel größer und dicht verschlossen. Beim Mampfen pupsen die Bakterien kräftig. Ihre müffelnden Dämpfe heißen Biogas. Es steigt nach oben unter das grüne Dach.

Der Winter beginnt

Endlich ist der erste Schnee gefallen. Luisa mag es, wenn die Felder aussehen wie mit feinem Puderzucker bestäubt. Sie marschiert mit ihrer Freundin Imke durch die weiße Landschaft. Imkes Hund Sputnik bleibt an der Leine. Er soll nicht auf den Acker laufen. „Unser Feld ist doch kein Spielplatz für Hunde und auch kein Hundeklo“, erklärt Luisa ihrer Freundin. „Hier hat Papa im September schon den Weizen fürs nächste Jahr gesät.“ Den kleinen Pflanzen macht die Kälte nichts aus.

Im Winter hat Luisas Vater Zeit zum Werkeln, weil draußen nicht so viel zu tun ist. Er sägt aus einer Holzplatte einen riesigen Tannenbaum aus. Der soll als Adventskalender in der Küche aufgestellt werden. Luisa schmirgelt die rauen Kanten glatt. Moritz leimt die Dübel ein, an denen die 24 Säckchen aufgehängt werden. „Was kommt da wohl hinein?“, fragt er. „Hoffentlich viel Schokolade!“, wünscht sich Luisa.

Vor Weihnachten schmücken die Bauernfamilien die Kapelle, die zur Bauerschaft gehört. Jeder bringt etwas mit: einen Tannenbaum, eine Lichterkette, den Stall für die Krippe, Moos und Stroh. Moritz und Luisa tragen die Kiste mit den eingepackten Krippenfiguren. Auf dem Weg zur Kapelle wickeln sie schon die ersten Figuren aus.

Moritz sucht den idealen Platz für den Hirten. Luisa weiß schon, wohin sie die Maria stellt. Sie muss in den Stall. Ist doch klar! Nach und nach kommen die anderen Figuren dazu. Nur die Heiligen Drei Könige fehlen. Sie werden erst nach Weihnachten aufgestellt, am Dreikönigstag. Die Kinder freuen sich darauf, die Krippe an den Weihnachtstagen zu besuchen. Jede Familie in der Bauerschaft besitzt einen Schlüssel für die Kapelle. Luisa geht mit ihrer Familie am liebsten in der Dämmerung hierher und lässt die Lichter am Tannenbaum leuchten.

Das Bauernhof-ABC

A – Ackerrand

Direkt neben den Feldern wachsen wertvolle Pflanzen. Der Ackerrand ist voller Gräser, Klee und Kräuter. Hier leben Heuschrecken, Käfer, Spinnen, Vögel und andere Tiere.

B – Bulle

erwachsenes, männliches Rind

C – Corn-Cob-Mix

Dieses Schweinefutter wird aus zerkleinerten Maiskörnern gemacht. Es schmeckt leicht säuerlich. Das mögen die Tiere sehr gern. Der Name des Futters stammt von Landwirten aus Amerika. Das englische Wort für „Maiskolben" ist „corncob".

D – Dünger

Pflanzen brauchen Nahrung, um zu wachsen. Sie bekommen Dünger. Landwirte mit Tierhaltung düngen ihre Felder meistens mit Gülle. So nennt man Kot und Urin der Tiere. Landwirte ohne Tierhaltung müssen Dünger kaufen.

E – Eber

männliches Schwein

F – Fahrsilo

Das ist die Vorratskammer für Futter. Gehäckselter Mais oder zerkleinertes Gras werden hier gelagert. Das Futter im Silo heißt Silage (sprich: Silasche).

G – Geflügel

Bauernhoftiere mit Flügeln: Hühner, Tauben, Gänse, Enten und Puten

H – Heu

geschnittenes, getrocknetes Gras

I – Insekten

Käfer, Schmetterlinge, Fliegen, Bienen und Hummeln gehören zu den Insekten.

J – Jungvieh

Kälber, die älter als sechs Monate sind

K – Kraftfutter

trockene Futterkügelchen aus zerkleinertem Getreide und anderen Zutaten

L – Landwirt und Landwirtin

Das ist ein anderes Wort für Bauer oder Bäuerin und auch ein Beruf.

M – Mais

eine der wichtigsten Pflanzen in der Landwirtschaft, ein Getreide

N – Nuckeleimer

Kälber saufen Milch aus Eimern mit eingebautem Gummisauger. Sie funktionieren wie Nuckelflaschen für Babys.

O – Ohrmarke

Rinder, Schweine, Schafe und Ziegen tragen eine Plastikmarke am Ohr. Darauf stehen Buchstaben und Zahlen. Sie zeigen an, von welchem Bauernhof die Tiere stammen.

P – Photovoltaik

Strom aus Sonnenlicht kommt bei vielen Bauern vom Dach. Die bläulich schimmernden Platten oben auf den Ställen und Scheunen fangen die Sonne ein.

R – Rundballen

Gras, Heu oder Stroh werden gepresst und zu Ballen aufgerollt.

S – Schweinespielzeug

Damit die Schweine sich im Stall nicht langweilen, bekommen sie Spielzeug. Das können Gummibälle sein, aber auch rasselnde Ketten, Holzstücke oder ein Haufen Stroh.

T – Trächtig

Frauen werden schwanger; bei Tieren nennt man das trächtig.

U – Urlaub

Landwirte brauchen auch mal eine längere Pause von der Hofarbeit. Wenn sie in Urlaub fahren, versorgen Helfer ihre Tiere.

V – Viehtransporter

Mit speziell eingerichteten Lastwagen werden Tiere von einem Hof zum anderen oder zum Schlachthof gefahren. An Bord gibt es Wassertränken für die Tiere und eine gute Belüftung.

W – Wiederkäuer

Kühe, Schafe und Ziegen sind Wiederkäuer. Sie schlucken ihr grob zerkleinertes Futter erst einmal herunter. Später würgen sie es portionsweise wieder ins Maul und kauen es in Ruhe durch.

Z – Zitze

Die Brustwarze heißt bei Tieren Zitze. Eine Sau hat 14 Zitzen, eine Kuh hat 4 Zitzen. Schaf und Ziege haben 2 Zitzen.

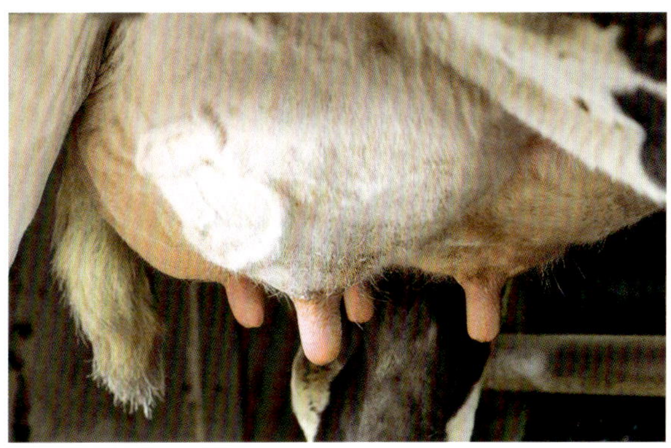

FRAGT DOCH MAL DIE BAUERN!

Auf den Bauernhöfen in Deutschland ist ganz sicher noch viel mehr zu entdecken, als wir in diesem Buch zeigen konnten. Vielleicht möchten Sie als Familie mit Ihren Kindern, mit einer Kindergartengruppe oder mit einer Schulklasse einen Bauernhof besuchen und sich über moderne Landwirtschaft informieren? Dazu gibt es reichlich Möglichkeiten.

Bauernfamilien ansprechen

Am einfachsten ist es, wenn Sie eine Bauernfamilie ansprechen, die Sie persönlich kennen. Geht ein Kind vom Bauernhof in den Kindergarten oder in die Schulklasse Ihres Kindes, ist der Kontakt ganz einfach herzustellen.
In vielen Bundesländern gibt es speziell für Schulen und Kindergärten Angebote, um Bauernhöfe zu erkunden. Sie heißen beispielsweise „Lernort Bauernhof" oder „Bauernhof als Klassenzimmer". Diese Initiativen sind gut vernetzt und auf folgender Internetseite zu finden:
www.lernenaufdembauernhof.de

Auch die landwirtschaftlichen Organisationen sind Ihnen bei der Suche nach einem Bauernhof zum Besichtigen behilflich. Ansprechpartner in Ihrer Region finden Sie beispielsweise auf diesen Internetseiten:
www.die-deutschen-bauern.de
www.heimische-landwirtschaft.de

Höfe besuchen

Vielerorts laden landwirtschaftliche Organisationen jedes Jahr zu einem „Tag des offenen Hofes" ein. Dann können Sie das Außengelände landwirtschaftlicher Betriebe und oftmals auch die Ställe besichtigen. Geboten wird zusätzlich ein Informations- und Unterhaltungsprogramm. Infos zu Orten und Terminen finden Sie unter:
www.die-deutschen-bauern.de/offener-hof

In manchen Regionen veranstalten die landwirtschaftlichen Vereine regelmäßig einen „Tag der Landwirtschaft" oder einen Erntedanktag im Oktober. Achten Sie auf entsprechende Ankündigungen in den regionalen Medien.
Am 1. Juni dreht sich weltweit alles um die Milch. An diesem internationalen „Tag der Milch" zeigen Verbände, Molkereien, landwirtschaftliche Betriebe und Unternehmen, was in der Milch steckt. Regionale Aktionen rund um die Milch finden Sie unter:
www.tag-der-milch.de

Durchs Stallfenster schauen

Heute gelten viele Hygienevorschriften auf Bauernhöfen mit Tierhaltung. Deshalb sind die Ställe nicht jederzeit für jedermann zugänglich. Einige Landwirtsfamilien haben jedoch große Fensterscheiben in ihre Ställe eingebaut. So können Besucher direkt sehen, wie es den Schweinen, Rindern oder Hühnern geht.

In Deutschland gibt es zurzeit rund 100 landwirtschaftliche Betriebe mit Schweine-, Geflügel- oder Rindviehhaltung, die auf diese Weise Einblicke gewähren. Adressen von Landwirtsfamilien, die ihre Ställe mit speziellen Fenstern für Besucher ausgestattet haben, können Sie über das Kontaktformular folgender Internetseite erfragen: **www.einsichten-tierhaltung.de**

Einkaufen auf dem Bauernhof

Landwirtsfamilien, die ihre Produkte ab Hof vermarkten, beantworten gern Verbraucherfragen zur Tierhaltung oder zum Anbau der Pflanzen. Jede Frage ist erlaubt! Adressen von direktvermarktenden Landwirtsfamilien finden Sie beispielsweise unter: **www. einkaufen-auf-dem-bauernhof.com**

Informationen beschaffen

Der Verein „information.medien.agrar“ hält eine Fülle von Medien zu den Themen Landwirtschaft, Natur und Ernährung bereit. Besonders wertvoll ist das pädagogisch aufgearbeitete Material für Kindergärten, Grund- und weiterführende Schulen. Vom Saatgutpaket über großformatige Karten zur Landwirtschaft in Deutschland bis zum virtuellen Schweinestall im Klassenzimmer reicht das differenzierte, laufend aktualisierte Angebot. Mehr über den Verein, der von den Organisationen der deutschen Landwirtschaft getragen wird, und sein Angebot finden Sie unter: **www.ima-agrar.de**

Sie können Ihre Fragen rund um die Landwirtschaft auch direkt mit Bauern und Bäuerinnen klären. Möglich ist das zum Beispiel bei „Bauernwiki – Frag doch mal den Landwirt“. Seit September 2014 ist das von Landwirten und Landwirtinnen gegründete Portal online. 150 Gesprächspartner aus ganz Deutschland stehen dort Rede und Antwort. Sie stellen sich mit ihren Betrieben vor, greifen aktuelle Themen aus Umwelt, Landwirtschaft und Ernährung auf und beantworten Fragen. Die Gruppe ist auch in sozialen Netzwerken aktiv, etwa bei Facebook. Mehr unter: **www.frag-den-landwirt.de**

Urlaub auf dem Bauernhof

Vielfältiger denn je ist das Angebot der rund 3000 Urlaubsbauernhöfe in Deutschland. Familien mit Kindern finden viele, speziell auf ihre Bedürfnisse zugeschnittene Angebote. Es gibt neben Betrieben mit Ackerbau und Viehhaltung und Reiterhöfen auch besondere Betriebe, etwa mit Obstbau oder mit Direktvermarktung. Gute Informationsmöglichkeiten bieten diese beiden Internetportale:

www. landreise.de, www. landsichten.de

Danksagung

Ein großes Dankeschön geht an Luisa, Moritz und ihre Familien. Sie haben uns an ihrem Alltag teilhaben lassen und die vielen Fototermine mit Gelassenheit, Geduld und Humor gemeistert.

Vielen Dank sagen wir dem Vorstandsteam des Kreislandfrauenverbandes Warendorf. Die Landfrauen haben uns die Kontakte zu den Bauernfamilien aus ihren Reihen vermittelt und die Entstehung des Buches von Anfang an konstruktiv und aus der bäuerlichen Praxis heraus begleitet.

Wir bedanken uns bei unseren Kolleginnen und Kollegen aus der Redaktion des Wochenblatts für Landwirtschaft & Landleben für die Unterstützung bei der Recherche zu den einzelnen landwirtschaftlichen Fachgebieten, fürs Gegenlesen der Texte und für die Prüfung der Fotomotive.

Impressum

Landwirtschaftsverlag GmbH, 48084 Münster

3. Auflage 2021

Konzept und Text: Brigitte Laarmann, Wochenblatt für Landwirtschaft & Landleben

Fotos: Bernadette Lütke Hockenbeck, Wochenblatt für Landwirtschaft & Landleben, außer:
Seite 20 Blickwinkel/H. Duty,
Seite 21 Blickwinkel/H.Pieper, Zühlke/Pixelio
Seite 24, 31, 33, 44/45, 46 Thinkstock
Seite 55 Pröbsting, Landesbauernverband Baden-Württemberg, A. Amstutz

Gestaltung: Stephanie Peterkord, LV MediaPro

Illustration: Gaby Hoffmann, Münster

Druck: Grafisches Centrum Cuno, Calbe

ISBN 978-3-7843-5392-0

Jan Philipp Moritz Luisa